Contents
目次

JN088688

「やさしい日本語」入門編

4. 「やさしい日本語」で伝える手順①————————33

5. 「やさしい日本語」で伝える手順②————————45

資料

はじめに

この本は，図書館で働く方が対象で，目的は以下のとおりです。

・「やさしい日本語」をたった一人からでも実践できるようになること
・その結果，外国人住民等とコミュニケーションがとれるようになること
・さまざまな住民一人ひとりを尊重した図書館をつくる一助にしてもらうこと

本書には，多くの図書館員や外国人住民の「声」を収録しています。
それは，当事者の声にこころが揺り動かされ，内側からなにかが湧き上がる瞬間を，読者のみなさんと共有したいと考えたからです。

また，図書館員は日常的にさまざまな利用者と接していますが，ひょっとしたら，新しく日本に住むようになった住民が，あなたのすぐ目の前にいるかもしれません。
でも，みなさんなら大丈夫！　日頃からレファレンスサービスを実施する際，「やさしい日本語」を使うときに必要な「待つ」，「きく（聞く・聴く・訊く）」の基本姿勢で臨んでいるからです。

図書館員と外国人住民等が，「やさしい日本語」を通して広がる新しい出会いを楽しみつつ，図書館が，多様な住民とともに豊かな未来を創造する，地域の拠点となることを願っています。

2023 年 11 月

阿部治子・加藤佳代・新居みどり

この本の使い方

　本書作成にあたって，東京にある三鷹市立図書館と同市の外国人住民に3か月に及ぶ研修と実践にご協力をいただきました。

　本書を開いてくださったみなさんにも，三鷹市の図書館員が経験されたことと同じプロセスをこれから歩んでいただきます。その過程で，「やさしい日本語」のコツをつかんでいただけると思います。

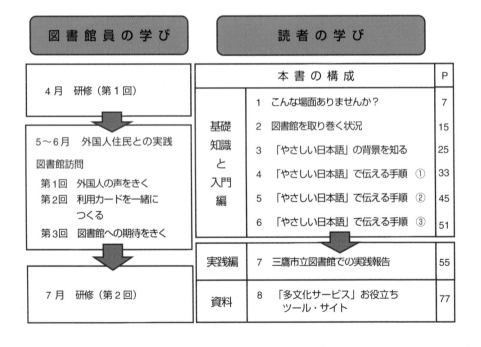

図書館員の学び			読者の学び		
		本書の構成			P
4月　研修（第1回）	基礎知識と入門編	1	こんな場面ありませんか？		7
		2	図書館を取り巻く状況		15
5～6月　外国人住民との実践		3	「やさしい日本語」の背景を知る		25
図書館訪問		4	「やさしい日本語」で伝える手順　①		33
第1回　外国人の声をきく		5	「やさしい日本語」で伝える手順　②		45
第2回　利用カードを一緒につくる		6	「やさしい日本語」で伝える手順　③		51
第3回　図書館への期待をきく	実践編	7	三鷹市立図書館での実践報告		55
7月　研修（第2回）	資料	8	「多文化サービス」お役立ちツール・サイト		77

1.
こんな場面ありませんか？

フィリピンから来日した母にとって，
地域の図書館にあった英語で書かれた図書は，
日本語で氾濫した日常から逸脱できる，
数少ない時間だったに違いない。
母語ではないにしろ，
思考言語である英語と触れ合う時間は，
荒波の中で息継ぎをし，
脳に酸素を送り込むような，
一種の生命維持活動のひとつだったのではないか。

（海外にルーツがある A さんのことば）

1.1　ある日の図書館カウンターのやり取り

申込書にご記入の上，名前と住所を確認できるものを，登録カウンターへお出しください。
本は大切に扱ってください。
万一，紛失したり，破損した場合は，弁償していただきます。
館内での飲食はご遠慮ください。

ごきにゅう？
はそん？
べんしょう？
いただきます？
ごえんりょください？

「目の前に外国人が来たらどうしよう。外国語は苦手だし。
どのように対応すればよいのか不安」

　図書館で働いているとき，そう思っていませんか？

　実は図書館に来た外国人も，

　「わかるかな？　コミュニケーションできるだろうか」とドキドキして
います。あなたよりももっと緊張しているかもしれません。

外国語は話せないのに
どうしよう・・・

むずかしい日本語はわからない
のにどうしよう・・・

互いの緊張をほぐすところから始めてみましょう。

まずは笑顔で「こんにちは」。そのときの，相手の表情に着目してみましょう。「日本語を少し勉強した」，「簡単な日本語ならわかる」という人がとても増えています。

しかし，だからといって普段通りの日本語で，利用方法を説明しても，おそらく伝わりません。それは「日本語だから」ではなく，その人がまだ学んでいない日本語だったから。

どのような日本語を，どういった形で使うとわかりやすいのか，この本では，実例とともに，「やさしい日本語」の使い方のヒントをお伝えします。

1.2　やってみよう「やさしい日本語」

> どのように「やさしい日本語」で話したらよいのでしょうか。
> 　実際に「ある日の図書館カウンター」の場面を「やさしい日本語」で言い換えてみましょう。
> 　簡単に言い換えができる人も，なかなか苦戦する人もいるでしょう。
> 　どんな表現も「やさしい日本語にしよう」と思い，意識するだけで，すでに「やさしい日本語」の一歩を踏み出しています。

　　やってみよう

申込書にご記入の上，名前と住所を確認できるものを，

登録カウンターへお出しください。

本は大切に扱ってください。

万一，紛失したり，破損した場合は，弁償していただきます。

館内での飲食はご遠慮ください。

こんなふうに言い換えができます。

（申込書の記入欄を指さして）

ここに　あなたの　名前を　書いてください。

どこに　住んでいますか？

住所を　書いてください。

あなたが　住んでいる　ところを　書いてください。

住んでいる　ところが　わかるものを　見せてください。

（登録カウンターを指さして）

ここへ　出してください。

本は　大事に　してください。

もしも　本を　なくしたり，本を　よごしてしまった時は

これと　同じ本を　買わなければなりません。

図書館で，食べることは　だめです。

飲むことも　だめです。

実物を指さしながら話すと伝わりやすいです。

◆コラム　なぜ図書館で「やさしい日本語」？　考えるヒント①
―わかろうとする姿勢が大事

「外国語，苦手だなぁ。やり取りができるか不安…」

「語学力によってサービスに差が出てしまうのでは？」

「うまく説明できるか心配。いざ目の前に来たら慌ててしまいそう…」

こうした声をよく聞きます。

　説明したいことがわかってもらえないのではないか。相手の言いたいことがわからないのではないか。立往生したらどうしよう…。不安に思う気持ち，わかります。

　しかし，ここは「図書館」。道端でいきなり声をかけたり，通りすがりの人から何かを聞かれたわけではありません。ここに何かを求めてやってきた人が相手です。

　まずは普段通りに笑顔で挨拶してみましょう。そして，ここで何をしたいのか，わかろうとするところから始めてみてください。外国語ができなくても日本語で。「それで通じるのか？」と思うかもしれませんが，あなたの表情と，わかろうとする姿勢が大事です。

　意思疎通をはかる突破口として使えるのが「やさしい日本語」。わかる語彙を確認しながら，相手が何を求めているのか，ひとつずつ探っていきましょう。

　もしかしたら，

「ここに入っていいのか？」

「自分が読める本を探している」

「いま借りている本を，もっと長く借りたい」

「今日，利用カードを忘れてしまった」

ということかもしれません。

「ああ，それだったら，こういう手続きをします」

と，「やさしい日本語」を使ってひとつずつ説明を加えていきましょう。

◆コラム　なぜ図書館で「やさしい日本語」？　考えるヒント②
一いっぺんに，は無理です

　ある図書館員から，「ちゃんと説明したはずなのに，本を返さないまま帰国してしまった…」と聞いた時，残念だなぁと思うと同時に，「ちゃんと説明した」というところが気になりました。

　母国にいた時に，図書館を利用したことがない人もいます。利用の仕方をいっぺんに説明されても，すべては頭に入らず，肝心なところが抜けてしまうこともあります。

　最初の説明時に，「本は，無料で借りることができます」，「借りた本は，返します」，「（カレンダーを指さして）この日までに返します」と，相手の表情を見ながら，理解したことを確認して，ひとつひとつ，大事な点を伝えてください。

　この本を参考に，普段の伝え方を見直して，「伝えたはず」，「説明したはず」をなくしていきましょう。

◆コラム　なぜ図書館で「やさしい日本語」？　考えるヒント③
一外国人が来ないのはなぜ？

　ある図書館員が，「地域に外国人が増えているというが，うちの図書館ではあまり見かけない」と言っていました。本当に来ていないのでしょうか？

　日系人やアジアの国々から来た人たちを見過ごしているのかもしれません。

　もしも本当に来ていないとしたら，その理由を考える必要があります。

　蔵書に魅力があるか。どのように図書館の存在，利用方法を PR しているか…。

　図書館の使い方をわかりやすく伝えるには，ぜひ「やさしい日本語」を活用してください。図書館の存在，誰でも入ることができること，そこでどのように過ごせるか，使い方を伝えてほしいと思います。

2.
図書館を取り巻く状況

自分の名前が明示された，
図書館の利用カードを手にして初めて，
社会の中で，ワタシという個人が認知された気がした。

（海外にルーツがある A さんのことば）

2.1　日本にはどのくらい外国人が住んでいる？

　　出入国在留管理庁が 2023 年 3 月に公表した 2022 年末の在留外国人数によれば，307 万 5213 人（前年末比 31 万 4578 人）で，過去最高を更新し，初めて 300 万人を超えました。

　外国人住民の国籍・地域の多様化が進んでいます。1992 年末には全体の 5 割強が韓国・朝鮮でした。しかし，2022 年末には 1 位が中国，2 位がベトナム，3 位韓国，4 位フィリピン，5 位ブラジル，6 位ネパール，7 位インドネシアでした。これら 7 か国を合わせると全体の 8 割弱を占めます。上位 10 の国籍・地域の公用語だけでも 9 言語に上ります（法務省「在留外国人統計（旧登録外国人統計）」より）。

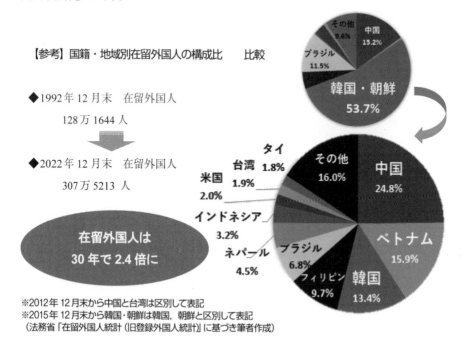

【参考】国籍・地域別在留外国人の構成比　　比較

◆1992 年 12 月末　在留外国人
　　128 万 1644 人

◆2022 年 12 月末　在留外国人
　　307 万 5213 人

在留外国人は
30 年で 2.4 倍に

その他 9.6%
中国 15.2%
ブラジル 11.5%
韓国・朝鮮 53.7%

タイ 1.8%
台湾 1.9%
米国 2.0%
インドネシア 3.2%
ネパール 4.5%
その他 16.0%
中国 24.8%
ベトナム 15.9%
韓国 13.4%
フィリピン 9.7%
ブラジル 6.8%

※2012 年 12 月末から中国と台湾は区別して表記
※2015 年 12 月末から韓国・朝鮮は韓国，朝鮮と区別して表記
（法務省「在留外国人統計（旧登録外国人統計）」に基づき筆者作成）

2.2　図書館の多文化サービスとは？

> 　図書館の多文化サービスとは，民族的・言語的・文化的少数者（マイノリティ）を主たる対象とする図書館サービスです。

　このサービスは，海外にルーツをもつ住民の母語・継承語の保持や，文化の伝承支援のみならず，日本の各地域や人々が使う言語の継承支援をも含んでいます。

　国立社会保障・人口問題研究所が 2023 年 4 月に公表した日本の将来推計人口によれば，外国人は毎年 16 万 3791 人増加する前提で，2070 年の外国人比率は全人口の 10 人に 1 人強になるとの見通しです。

　海外からの新しい住民が増え続け，多様な文化や価値観が共存する社会において，図書館は何をすべきでしょうか。

2.3　外国人へのサービスは後回しでよい？

「日本人へのサービスでさえ十分にできていないのに，外国人へのサービス
を行えるだけの予算も人も書架の余裕もない！」
　みなさんは，このように思ったことがありますか？

　　　　　外国人住民へのサービスは，決して余裕がある場合に取
　　　り組めばよいというサービスではありません。
　　　児童・青少年，高齢者，障害者に対するサービスと同様，
外国人等に対するサービスは，図書館法第 7 条の 2 の規定に基づき 2012
年に施行された「図書館の設置及び運営上の望ましい基準」に，利用者に
対応した充実すべきサービスのひとつとして示されています。さらに図書
館は，外国人住民を日本人住民と平等な社会の構成員に位置づけて，教育
や情報へのアクセスを保障する責任があります。

　図書館は，外国人住民の母語・母文化等に配慮した資料や日本語習得のため
の資料等を収集する必要があります。さらに，各地域の外国人住民の出身国（地
域）や在留資格，年齢等に関する基礎データやライフサイクルに応じた行政相
談窓口等を把握し，レフェラルサービス（※）にも力を入れることが重要です。
　そして，図書館は多文化サービスを持続可能なものにするため，時限的では
ない予算を獲得する必要があります。
　そのためには，図書館の多文化サービスの先にある「多文化共生社会」や「社
会統合」の実現に向けて，全庁を巻き込み横断的かつ戦略的に推進していくこ
とが望まれます。

※レフェラルサービスとは，利用者の質問に対して適切な専門家や専門機関に問い合わ
　せて情報を入手し提供すること，または専門家や専門機関を利用者に紹介するサービ
　ス。

2.4 図書館の原則とは？

改めて原点に返ってみましょう！
　図書館は，すべての人が情報や知識に公平にアクセスで
きる原則を基本に，住民に対して無料でサービスを提供し
ているところです。

　2022 年，国際図書館連盟（IFLA　イフラ）は世界の図書館員に対して
「IFLA-UNESCO（ユネスコ）公共図書館宣言」（IFLA-UNESCO Public Library
Manifesto 2022）を発表しました。
　その宣言の最後には，「国および自治体の政策決定者ならびに全世界の図書
館界が，この宣言に表明された諸原則を履行することをここに強く要請する」
とあります。

【参考】「IFLA-UNESCO 公共図書館宣言 2022」（抄）

公共図書館のサービスは，年齢，民族性，ジェンダー，宗教，国籍，言語，ある
いは社会的身分やその他のいかなる特性を問わず，すべての人が平等に利用でき
るという原則に基づいて提供される。

図書館サービスは，農村や都会地といった異なる地域社会の要求に対応させなけ
ればならない。また，当該地域の，社会的に排除された集団，特別な支援を必要
とする利用者，多言語の利用者，および先住民の要求にも対応する必要がある。

（長倉美恵子・永田治樹・日本図書館協会国際交流事業委員会訳）

2.5　図書館の根拠法は？

公立図書館は，社会教育施設として「教育基本法」，「社会教育法」，「図書館法」により任務や事務について定められています。

また，公立図書館は地方公共団体の組織として，地方自治法上の「公の施設」（住民の福祉を増進する目的で設ける施設），及び地方教育行政の組織及び運営に関する法律上の「教育機関」に位置付けられています。

＜公立図書館の３つの性格＞

○「社会教育施設」としての図書館

　教育基本法　＞　社会教育法　＞　図書館法

○地方自治法上の「公の施設」としての図書館

○地方教育行政の組織及び運営に関する法律上の「教育機関」としての図書館

公立図書館は，社会教育施設です。公立図書館は，図書，記録その他必要な資料を収集し，整理し，保存して一般の人に公開します。そして，それらを教養，調査研究，レクリエーションに役立ててもらうことを目的としています。結果として，利用そのものが住民の福祉の増進につながります。

2.6 図書館に関係する法律は？

　図書館活動の基盤にかかわる法律として，「子ども読書活動推進法（略称）」（2001 年），「文字・活字文化振興法」（2005 年），「読書バリアフリー法（略称）」（2019 年）があります。

このほか，公立図書館運営や整備にかかわる法律として，

- 「地方自治法」（昭和 22 年法律第 67 号）
- 「地方財政法」（昭和 23 年法律第 109 号）
- 「地方公務員法」（昭和 25 年法律第 261 号）
- 「激甚災害法」（激甚災害に対処するための特別の財政援助等に関する法律　昭和 37 年法律第 150 号）
- 「著作権法」（昭和 45 年法律第 48 号）
- 「生涯学習振興法」（生涯学習の振興のための施策の推進体制等の整備に関する法律　平成 2 年法律第 71 号）
- 「PFI 法」（民間資金等の活用による公共施設等の整備等の促進に関する法律　平成 11 年法律第 117 号）
- 「デジタル手続法」（情報通信技術を活用した行政の推進等に関する法律　平成 14 年法律第 151 号）
- 「障害者差別解消法」（障害を理由とする差別の解消の推進に関する法律　平成 25 年法律第 65 号）
- 「第 9 次地方分権一括法」（地域の自主性及び自立性を高めるための改革の推進を図るための関係法律の整備に関する法律（第 9 次一括法）　令和元年法律第 26 号）

などがあります。

公立図書館の連携・活用が考えられる法律として，

- ・「身体障害者福祉法」（いわゆる点字図書館）（昭和 24 年法律第 283 号）
- ・「学校図書館法」（昭和 28 年法律第 185 号）
- ・「中心市街地活性化法」（中心市街地の活性化に関する法律　平成 10 年法律第 92 号）
- ・「文化芸術基本法」（平成 13 年法律第 148 号）
- ・「義務教育機会確保法」（義務教育の段階における普通教育に相当する教育の機会の確保等に関する法律　平成 28 年法律第 105 号）
- ・「日本語教育推進法」（日本語教育の推進に関する法律　令和元年法律第 48 号）
- ・「過疎地域自立促進特別措置法」（過疎地域の持続的発展の支援に関する特別措置法　令和 3 年法律第 19 号）
- ・「改正気候変動適応法」（いわゆるクーリングシェルター）（気候変動適応法　平成 30 年法律第 50 号，令和 5 年法律第 23 号で改正）

などがあります。

2.7　住民とは？

　住民とは，市（特別区を含む）町村の区域内に住所（各人の生活の本拠）を有する者であると地方自治法で規定されています。この住民には，日本国籍のない人も含まれます。

　公立図書館と公園は，国籍や住民票の有無にかかわらず，あらゆる人が利用できる行政サービスの代表例です。

【参考①】地方自治法

・市町村の区域内に住所を有する者は，当該市町村及びこれを包括する都道府県の住民とする。（地方自治法第10条）

・（住民は）国籍の如何を問わない。（地方自治法逐条解説：第10条の部分）

外国人には，住民票のある人（中長期在留者，特別永住者，一時庇護許可者または仮滞在許可者,出生による経過滞在者または国籍喪失による経過滞在者）と，住民票のない人（3か月以下の在留期間が決定された方，在留資格が短期滞在・外交・公用の方，仮放免の方など）がいます。

そして，住民票のない外国人であっても，置かれた状況に応じて，生活の本拠地で，行政サービスの全部もしくは一部を受けられる場合があります。

【参考②】住民票のない外国人であっても状況に応じて受けられる行政サービス例

・予防接種（予防接種法第3条）

・母子健康手帳（母子保健法第16条）

・行旅病人入院費（行旅病人及行旅死亡人取扱法）

・行旅死亡人葬祭費（行旅病人及行旅死亡人取扱法）

・入院助産（児童福祉法第22条）

・母子健康手帳（母子保健法第16条）

・養育医療（母子保健法第20条）

・育成医療（障害者自立支援法（障害者の日常生活及び社会生活を総合的に支援するための法律）第58条，障害者自立支援法施行令第1条第1号）

・精神通院医療（障害者自立支援法第58条,障害者自立支援法施行令第1条第3号）

2.8　図書館はあらゆる住民を受け入れる「場」

　　公立図書館は，あらゆる住民を受け入れる「場」であり，
セーフティネットとしての役割も果たしています。

　近年，図書館では，図書館資料の自動貸出機・自動返却機，予約資料の自動
受取コーナー，電子書籍の貸出サービス（電子図書館）など，非接触型・非来
館型サービス導入が進んでいます。

　しかし，図書館には，直接的な人的支援がなければ必要な情報を得ることが
困難な利用者もいます。図書館はすべての人の「知る権利」を保障する責任が
あります。

　レフェラルサービスの一環として，図書館員が同じ地方公共団体の福祉関係
部署と連携して，路上生活者をはじめとする生活困窮者等を福祉の相談窓口に
つなぐ橋渡しを行っている図書館もあります。

図書館は単なる書庫ではなく
人を支えるために，人がいる，
人的インフラなのです

3.
「やさしい日本語」を使う社会的背景を知る

来日して，結婚したばかりの時は，
日本語を上手になるために，
「子どもの本をよく読むように」
というのが主人のおススメでした。
おかげで，絵本を読むことがスラスラできるように
なりました。
読むのも楽しくなりました。

（外国出身の B さんのことば）

3.1 多文化共生とは？

　　多文化共生とは，「国籍や民族などの異なる人々が，互いの文化的ちがいを認め合い，対等な関係を築こうとしながら，地域社会の構成員として共に生きていくこと」(総務省)と定義されています。

　　外国人も，ともに地域に暮らす住民です。外国人住民が増加していく中で，地域においても，図書館においても，多文化共生社会の実現に向けた取り組みが求められています。

3.2 外国人の困りごとの背景にある「3つの壁」

外国人の困りごとの背景には「3つの壁」があるといわれています。
それは「法律・制度の壁」，「ことばの壁」，「こころの壁」です。

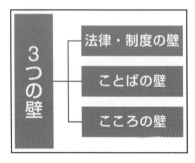

　　「法律・制度の壁」とは，主に在留資格に起因し，それによって受けられる社会的サービスに差があるということです。

　　「ことばの壁」とは，言語的なことに起因する障壁であり，日本語による日常会話はできても，読み書きは苦手だと感じている人が多いということです。

　　「こころの壁」とは，異国で暮らすことによって生まれる異文化ストレスや，日本で感じる差別，疎外感などが起因しています。

(1) 「ことばの壁」とは？

> 　移民や難民を多く受け入れている諸外国では，その国に長く暮らす予定の外国人に対して，その国の言語を学ぶことを，行政が保障しています。入国した人々は，公的に用意された語学教室で，体系的にその国のことばを勉強しています。

　日本にはこのような言語保障政策はまだ実施されていません。

　そのため，日本に暮らす外国人の多くが，独学で日本語を勉強しています。

　しかし，仕事や家事・育児などに忙しく，独学で勉強する時間を作ることさえも難しいのが現状です。多くの人は，日常生活を送る中で，会話を通して耳から日本語を覚えていきます。結果的に，何十年も暮らす中で，話したり，聞いたりすることはできても，読み・書きはできない人が多くいます。日本に暮らす外国人の多くは，「識字」に課題があるといわれています。

　一方，日本社会では，大事なことは文書で送られてきます。例えば，住民税や健康保険，年金，公衆衛生，保育や教育，災害・避難情報などを説明しているお知らせです。外国人住民が，将来に向けて日本で安全に安心して生活するためには，これらのお知らせなどを正しく理解することが必要です。行政などからくる書類を見てみると，そこには，時候の挨拶から始まり，謝辞があり，その後にようやく用件が書かれています。こうした行政文書を読んで，その用件を理解し，必要な事項を記入し，提出して，ようやく初めて社会的なサービスが受けられるということになります。申請しないと，せっかく提供されているサービスも受けられないことになります。

　外国人住民も，来日当初は，わからないなりに，携帯電話やスマートフォンの翻訳機能や電子辞書などを使って日本語の書類を読もうとします。しかし，それはあまりに難しく，だんだんと読むことをあきらめるようになります。そして，封筒を開けることさえせず，大事な書類が山積みになっていきます。ある時期が来ると，開封されることなく捨てられることが多くあります。

(2) 「こころの壁」とは？

> 日本語を読んだり書いたりできない外国人住民から聞くのが，「この日本語の手紙を誰かが読んでくれるといいのに」という声です。日本語が読める人に読んでもらい，その声を耳から聞くことで，書かれた文書を理解できますが，それを頼める人が周りにいないのです。

異国で暮らし，ちょっとしたことを頼める人がいない，こうしたストレスは誰もが感じるものです。そのストレスに加えて，生活の中で，困ったことが重なり，こころのバランスを崩してしまう外国人住民も少なくありません。

では，日本語があまりわからない，あまり話せない，ほとんど読めない，まったく書けないという外国人住民にとって，地域にある図書館というのはどのような存在なのでしょうか。読める本，読みたい本がそこにあるとき，ストレスは大いに軽減されます。

外国人住民も母国にいるときには，自由にことばを操り，自分の好きな本を選び読んでいた人が多いのではないでしょうか。日本語ができないというのは，あくまでその人の表層，その人の一部分にすぎません。その表層に現れることば，つまり，外国人住民の日本語のレベルだけで，その人を評価したり，見下したりすることが多くの場面で起きてはいないでしょうか。

日本図書館協会　出版案内

JLA Bookletは、図書館とその周辺領域にかかわる講演・セミナーの記録、話題のトピックの解説をハンディな形にまとめ、読みやすいブックレット形式にしたシリーズです。

図書館の実務に役立ち、さらに図書館をより深く理解する導入部にもなるものとして企画しています。

JLA Bookletをはじめ、協会出版物は、こちらからお買い求めいただけます。また、お近くの書店、大学生協等を通じてもご購入できます。

二次元バーコード

お問い合わせ先
公益社団法人
日本図書館協会　出版部販売係
〒104-0033
東京都中央区新川１－１１－１４
TEL：03-3523-0812（販売直通）
FAX：03-3523-0842 E-mail：hanbai@jla.or.jp

---

no.1　学校司書のいる図書館に　いま、期待すること

木下通子著『読みたい心に火をつけろ！』（岩波ジュニア新書）の出版記念トークセッションの記録。読書の未来について語り合った内容を収録。図書館関係者でない方にも必見です。学校図書館

ISBN 978 4-8204-1711-8

no.2　読みたいのに読めない君へ　届けマルチメディアDAISY

保護者、図書館員、DAISY製作者のそれぞれの立場から、マルチメディアDAISYについてわかりやすくまとめた一冊。読みやすいブックレットにするための認識のしやすさ（視認性が高い、UDフォントを使用）、読みやすいときの……用た。

ISBN 978 4-8204-1809-2

2018年に大阪と東京で開催した、塩見昇氏の著

no. 13 図書館資料の保存と修理 その基本的な考え方と手法

日図協資料保存委員会委員長であり、東京都立中央図書館で長年資料保存の仕事に携わってきた著者が全国各地での講師を務めた研修会で語った内容をまとめた「講義録」。資料保存の真の意義を確認できる好著。

ISBN 978 4-8204-2218-1

no. 12 非正規雇用職員セミナー「図書館で働く女性非正規雇用職員」講演録

公共図書館で働く非正規雇用職員の問題を取り上げたセミナーの記録。講演や報告、参加者の意見交換をまとめた一歩となる図書館サービスと職員のあり方を考える大きな一歩となる書です。

ISBN 978 4-8204-2209-9

no. 11 学校図書館とマンガ

「学校図書館になぜマンガ導入」等の章が必要か（理論編）、学校図書館にマンガを導入する意義を通じてひもとき、学校図書館のマンガ蔵書に、と訴える一冊です。海外でも高く評価されているマンガを、

ISBN 978 4-8204-2208-2

no. 10 図書館の使命を問う 図書館法の原点から図書館振興を考える

塩見昇氏と山口源治郎氏の講演と対談の記録と図版も収録。2020年11月の図書館法制定70周年記念、第106回全国図書館大会における第12分科会の、図書館法を考えるときに必備の一冊。

ISBN 978 4-8204-2206-8

no. 9 現代日本図書館年表 1945-2020

1945年の太平洋戦争終結から2020年までの日本国内の図書館に関する出来事を簡潔にまとめた一冊。図書館の成長や社会の動きを知り、現状を分析する内・容評価し、将来に向けた構想につなげるのに役立つ内容です。

ISBN 978 4-8204-2114-6

no.8　やってみよう資料保存

図書館資料の資料保存やすり替えやカビに分かりやすく解説。基本的な利用、基本から学べる入門書。資料の扱い方やカビ、防災害時も対策、基本から学べる。資料保存対策に責務もあたります。災害時から資料保存できると図書館。このころから資料保存対策に取り組むための必読書。

ISBN 978
4-8204-2109-2

no.7　「図書館政策セミナー　公立図書館の所管問題を考える」講演録

２０１９年３月開催の公立図書館政策セミナー講演録。公立図書館の所管部局を役割や懸念から考察する一冊。公共図書館の運営や社会問題教育施設の役割的重要性を考論・治体教育委員会の立指体管理公定図書館のよ

ISBN 978
4-8204-2007-1

no.6　水濡れから図書館資料を救おう！

「水濡れ」対策の重要性を紹介し、大規模災害時の行動被災資料の事例も収録。前対策法など詳しく紹介する一冊。救出方法など重要な厄介なダメージへの対応法を解説。図書館資料の管理に関わる人々にとって貴重な情報。図書館資料管理に関わる人々にとって一冊。

ISBN 978
4-8204-1907-5

no.5　図書館システムのデータ移行問題検討会報告書

新システムへのデータ移行におけるワード学習会の提案。２０１８図書館システム変更に伴うパスワードの移行の現状と課題を解説。状況も収録。スステムの中でパスワード。２０１８年１２月１７日に行われるパスワード

ISBN 978
4-8204-1905-1

no.4　定「法的視点から見た図書館と指定管理者制度の諸問題」講演録

指定管理者制度と法律専門家による法的視点からの諸問題を法的視点から解説。館長と職員の視点から制度導入要件などを検証。入に疑問を提起、メリットなどを明示し、検証する図書館。制度導入に関わる全ての人

ISBN 978
4-8204-1812-2

no.1　図書館政策セミナー　1979年改訂のころ

宣言の改訂に直接かかわられた方の貴重な証言から、当時の時代状況と現場の雰囲気などがよく伝わってくる

ISBN 978
4-8204-18…

3.3　多言語支援と「やさしい日本語」

> 　外国人住民に対してのコミュニケーション支援を考えるときには，多言語による支援と「やさしい日本語」を使った支援，この双方が大切です。

　多言語支援として，一番に考えられるのは，通訳者の配置です。Web 上の多言語辞書機能，翻訳機能などのほか，市販されている通訳機械を利用することもできるでしょう。

　また，行政などが業者と契約して多言語の電話通訳サービスを使ったり，タブレットを使ったサービスを利用することもあると思います。

　これら多言語支援は重要で便利なサービスですが，翻訳・通訳機能を使う上でも，元となる日本語が「やさしい日本語」であれば，より適切な翻訳・通訳が可能になります。支援する側にとっても，「やさしい日本語」を使いこなせることが，いざというときのために役立ち，安心につながります。

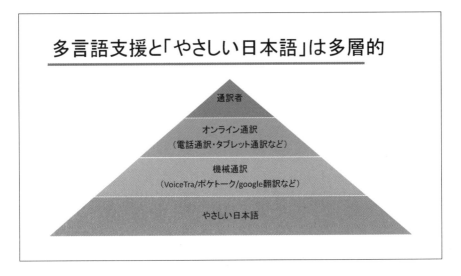

3.4 外国人支援現場では何語を一番使うのか？

　2020年の新型コロナウイルス感染症の爆発的な感染拡大の時期，緊急事態宣言が出され，多くの外国人住民も困難な状況に陥りました。この時期，東京都は「外国人新型コロナ生活相談センター」を立ち上げ，常時14言語の相談員や通訳者を揃えて外国人対応をしました。

　この相談センターでは，1年間で5,607件の相談対応をしましたが，その中で一番使った言語は，実は「日本語（やさしい日本語）」（1,974件，全体の35.2%）だったのです。

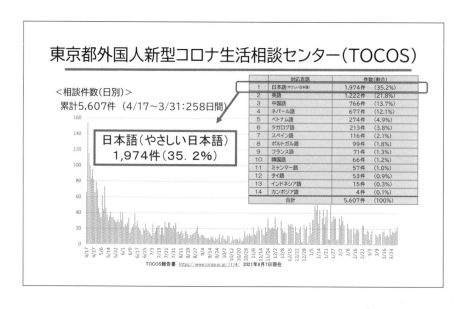

　なぜ，日本語（やさしい日本語）が一番多く使われたのでしょうか。

　この当時，東京には160を超える国と地域出身の外国人が暮らしていました。

その人たちが話す言語を考えるとそれより多いのではないかと思います。

　それらの言語をすべて相談センターで用意することは現実的ではありませんでした。そのセンターに電話をした外国人住民が，自分の母語で相談できないとわかったときに，次に何語を選ぶかといえば，それは「英語」ではなく「日本語（やさしい日本語）」だったのです。

3.5　「やさしい日本語」は通じるのか？

　外国人住民は「やさしい日本語」がわかるのでしょうか。「港区国際化に関する実態調査報告書」（2016 年度）によれば，「やさしい日本語がわかりますか」と聞いた結果，「わかる」と答えた人は 59.8％，「だいたいわかる」と答えた人は 12.2％となっています。

　また，東京都国際交流委員会（現「東京都つながり創生財団」）の 2018 年調査では，「希望する情報発信言語」として「やさしい日本語」を選んだ人が76％と最も多く，「英語」が 68％，「日本語」が 22％，「機械翻訳された母国語」が 12％，「非ネイティブが訳した母国語」が 10％でした。このように「やさしい日本語」に対するニーズが高いことがわかります。多くの外国人住民にとって，「やさしい日本語」は理解できる言語なのです。

3.6　「待つ」，「きく（聞く・聴く・訊く）」の姿勢が重要

　「やさしい日本語」にも限界があります。まったく日本語が話せない人だとわかった場合は，「やさしい日本語」でのやり取りは困難です。まったく日本語が話せない人の場合は，すぐに翻訳・通訳機械などへの切り替えが必要です。

図書館員が「やさしい日本語」を使って伝えても，相手の外国人住民の語彙力によっては，言いたいことばがみつからない，言いたいことがすぐに出てこない，うまく言えないときがあります。また，外国人住民の文法力やアクセントにより，言っていることが図書館員に理解しにくい場合があります。

　そのときこそ，「待つ」，「きく（聞く・聴く・訊く）」の姿勢が重要です。これは，図書館員がレファレンスサービスを行う上で必要なスキルと同じです。

　外国人住民と接するとき，図書館員が慌てたりせず，落ち着いた態度で向き合うことで，一方通行の伝達ではなく，双方向のコミュニケーションが成立します。

◆コラム　なぜ図書館で「やさしい日本語」？　考えるヒント④　　　　―まずは何語で作る？

　ある図書館員から，「これまで外国語のパンフレットがなかった。この地域は英語を母語としない人が多いが，外国人向けといったら，まずは英語表記の案内やパンフレットを作成したほうがよいのか」と聞かれました。

　なぜ，「外国人向けといったら，まずは英語」と考えたのか不明ですが，いくつか効能があるのも確かです。

　ひとつは，これまで使っていた案内文を見直すきっかけになるかもしれません。

　もうひとつは，他の言語に訳す際，日本語原文と英訳があると，比較的，翻訳がしやすくなるからです。

　何にも作らないよりはましです。

　英訳しても，そこで終わらず，地域に住む外国人の母語を調べて，順次，多言語化していくとよいのではないでしょうか。

4.
「やさしい日本語」で伝える手順①

日本語を勉強しています。
日本語能力試験用のテキストには，母国語が併記され
ているけれど，
日本語の文章が少ないので，文脈から言葉の意味を理
解するのが難しい。
自分なりに学習方法を考えてみました。
図書館で，子ども向けに書かれた，
哲学，法律，社会をテーマとした本を見つけました。
ほとんどふりがながあり，熟語の意味がわかります。
子ども向けにわかりやすく書かれた本は，とても
役に立ちます。

(外国出身の学生Cさんのことば)

4.1 「やさしい日本語」とは

それでは，実際に「やさしい日本語」のポイントを学んでいきましょう。
まず，どちらの方が理解されやすいと思いますか？

A

1　記入
2　ご住所
3　ヘルシー
4　図書館利用カード
5　高台へ避難

B

1　書きます
2　住んでいる　ところ
3　体によい
4　本を　借りる　カード
　（実物を見せて）これです
5　高いところに　逃げます

Bの方がわかりやすいですね。これが「やさしい日本語」です。

4.2 「やさしい日本語」の手順

それでは，実際に「やさしい日本語」で話すときの手順を学びましょう。

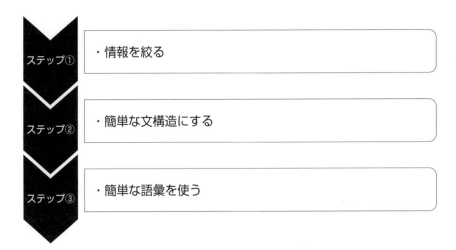

ステップ①	・情報を絞る
ステップ②	・簡単な文構造にする
ステップ③	・簡単な語彙を使う

ステップ①	情報を絞る

・伝えたいポイントを整理し，絞る
・わかりやすいよう，伝える順番を工夫する（一番大事なことは最初に）

　「やさしい日本語」を話そうと思うとき，大事なのは，話し始める前に情報を絞ることです。まず，図書館員が伝えたいポイントを整理して絞ることが大事です。話し始める前に，口を閉じて一呼吸置き，何をまず伝えたいのかを頭の中で考えることをしてみましょう。そのとき，具体的でストレートな表現を選びましょう。

次に大事なのは，わかりやすいように伝える順番を工夫することです。

外国人住民にとって日本語は外国語です。外国語を使ってコミュニケーションをとるとき，最初は集中力を持って話を聞こうとしますが，時間が経過していくと集中力は落ちていきます。集中力が一番高い，会話の初期段階に一番大事なことを伝えることが大切です。

◆コラム　外国人利用者の声①

"「ご遠慮ください」，「お控えください」って，どういうこと？"

「館内での飲食はご遠慮ください」，「大きな声での会話はお控えください」と伝えがちですね。これは，「図書館の中で，飲まないでください。飲んではだめです。食べないでください。食べてはだめです」，「大きな声で，話をしないでください。大きな声で，話をしてはだめです」と言った方が伝わります。

ステップ②	簡単な文構造にする

- ・文を短くする
- ・修飾はなるべくしない
- ・文末表現は，なるべく統一する（です・ます形）
- ・受身文 → 能動文（例：○○が配られます→○○を配ります）
- ・可能動詞 →「～ことができる」（例：使えます→使うことができます）
- ・二重否定は避ける（例：可能性がないわけではない→可能性がある）

　ひとつの文章を短くします。修飾はなるべくしません。文末表現はなるべく統一します。「です・ます形」で統一するとわかりやすいです。私たちは，長く話し続ける傾向にあります。これはわかりにくいので，文を短くすることを意識してください。受身文は能動文にします。「配られる」という表現は難しく，「配ります」とするとわかりやすいです。可能動詞（「〜することができる」という表現）はとてもわかりやすいです。「できる・できない」という表現を意識しながら使うとよいでしょう。

AとBどちらがわかりやすいと思いますか？

A

返却ポストは，視聴覚資料や他の市（区町村）の図書館から取り寄せた資料はご遠慮ください。

B

CD・DVDは，「本の　返却ポスト」にいれることが　できません。

ちがう図書館の　本は，「本の　返却ポスト」にいれることが　できません。

返却ポスト等は，実物や写真をみせるとわかりやすいです。

| ステップ③ | 簡単な語彙を使う |

> ・漢語 → 和語（例：記入 → 書きます）
> ・敬語，謙譲語 → 普通語（例：ご覧ください → 見てください）
> ・カタカナ語 → 和語（例：ヘルシー → 体によい）
> ・複雑な動詞 → 簡単な動詞
> 　（例：聞いてみてください → 聞いてください）
> ・擬音語・擬態語は，なるべく使わない

「やさしい日本語」で大切なのは，簡単な語彙を使うことです。

漢字2文字の漢語は避けて，できるだけ和語を使いましょう。

また接頭語の「ご」や「お」，敬語や謙譲語は，日本語が母語ではない人にとってはわかりにくい表現です。相手の様子を見て「ご」や「お」を取って話すこともよいでしょう。

外国人住民と話すときは，「行った」，「見た」と話すのではなく，「行きます」，「見ます」とすると，丁寧な表現となり，失礼になりません。

カタカナ語や外来語はできるだけ使わないで，和語にしましょう。

外国人住民への対応となると，「セルフサービス」とか「ヘルシー」などカタカナ語や外来語を使うことがしばしばあるようですが，外国人住民からすると，カタカナ語や外来語はとてもわかりにくいといわれています。そもそも，これらは，英語のほか，オランダ語やドイツ語などさまざまなことばが由来となっています。その国出身ではない人にはわかりません。発音も日本独特の発音となっているので，わからないといわれます。

複雑な動詞は使わずに，簡単な動詞にしましょう。その他，雨が「ザーザー」降るや「ワンワン」吠えるなどの擬音語，子どもが「にこにこ」する，星が「キラキラ」光るなどの擬態語も難しいといわれています。

4.3 「やさしい日本語」のポイント

次に「やさしい日本語」で話すときのポイントを学びましょう。

ポイント①	・専門用語を日常生活用語にする
ポイント②	・必要に応じて説明を加える
ポイント③	・具体例を示す
ポイント④	・「はい／いいえ」で答えられるように質問する

ポイント①	専門用語を日常生活用語にする

・専門用語 → 日常生活用語（例：開館時間 → 図書館があいている時間）
・覚えた方がよい言葉はそのまま使い，「やさしい日本語」で説明を加える

　図書館ではたくさんの専門用語を当たり前のように使っています。日本語が母語の人は，その文字から類推したり，小さいころの経験からわかりますが，外国人住民にとっては，初めて聞く日本語ばかりとなっています。専門用語を日常生活のことばに変えて話しましょう。しかし，図書館で使うことばは，これから図書館を利用するたびに使うので，外国人住民にも覚えてもらった方がよいと思います。説明をした後に，「図書館でよく使うことばなので，覚えて

ください」と言い添えるとよいでしょう。

　次の図書館用語を「やさしい日本語」に言い換えてみましょう。

やってみよう

1　貸出・返却
2　予約・リクエスト
3　新規登録
4　レファレンス
5　一般書
6　YA（ヤングアダルト）
7　視聴覚資料
8　館内 OPAC（オパック）
9　休館日，館内整理日，特別整理期間

言い換え例

1　借ります・返します
2　図書館に　ない本を　希望します
3　本を　借りる　カードを　作ります
4　図書館の人が　あなたと　一緒に　本を　探します
5　大人の本，日本語で　書いています
6　中学生・高校生
7　音楽 CD，映画 DVD など
8　このコンピューターで，図書館に　あるものを　探します
9　この日は，図書館に　入ることが　できません

ポイント②　必要に応じて，説明を加える

・「日本の常識」を前提としている内容には，補足説明を加える
・あいまいな表現，婉曲な表現を避け，趣旨をはっきりと伝える

　日本では常識とされていることを前提としている内容には，補足説明を加えましょう。例えば，図書館は多くの日本人にとって，公的な場所で，誰でも入ることができて，無料で本を借りることができる，または本を読むことができる場所と理解されています。

　こうしたことは当たり前のこととしてあまり詳しく説明しないかもしれませんが，当たり前と思わずに話すことが大事です。

　日本の公共図書館は，誰でも無料で入館できますが，出身の国・地域によってはそうでない場合があります。図書館に対して持つイメージ，感覚が違うことも想定してください。利用方法を説明する時や，案内文を作る際には，「無料で利用でき，年齢制限がない」ことを言い添える（書き添える）必要があります。

　日本語の表現で「可能性がないわけではない」ということばがありますが，それは「可能性があるのかないのか」がはっきりわかりません。このような曖昧な表現は使わない方がよいと思います。

◆コラム　外国人利用者の声②

"小さな子どもにも利用カードを発行するので驚いた。
返すことを前提に，無料で本を貸してくれて，びっくりした。
母国では考えられない…。"

A

図書館は，どなたでもご利用になれます。

このままでわかりますか？

B

図書館は　だれでも　使うことができます。

赤ちゃん，子ども，学生，大人，みんな
大丈夫です。

本を　借りる　ときは　このカード（見せながら）を
作ります。

すべて　お金は　いりません。

わかりやすくなりました！

ポイント③　　抽象的なことばは具体例を示す

　ことばだけで説明することは難しいことが多くあります。具体例を示して説明しましょう。実際に現物があると，それを指さして伝えることができますし，実際のものがないときは，インターネットの画像検索などを利用して，具体的なものを見せるようにするとよいです。

A

明後日までに，本を返却ポストにご返却ください。

このままでわかりますか？

B

（カレンダーなどを指さして）
9月16日までに　本を　返して　ください。

（実際の返却ポストの前まで行き）
ここに　本を　入れてください。

わかりやすくなりました！

ポイント④ はい／いいえ で答えられるように質問する

質問に対して，外国人住民が「はい」か「いいえ」で答えるように聞くと，よりわかりやすく，やり取りが進みます。

A どのようなジャンルの本をご希望ですか？

このままでわかりますか？

B あなたの 読みたい本は スポーツの 本ですか？
花の 本ですか？
料理の 本ですか？

わかりやすくなりました！

◆コラム 外国人利用者の声③

"「他の人のご迷惑になりますので…」って言いたいことは何？"

「その行為をしてはいけません」というところを，他の人を引き合いに出して注意し，しかも最後まで言わずに語尾を濁す。これでは確かに伝わりません。

もしも大声で話している人に「他の人のご迷惑になりますので…」というのであれば，「大きな声で話さないでください。大きな声はだめです」と言った方が伝わります。

5.
「やさしい日本語」で伝える手順②

夫が図書館へ連れていってくれました。図書館に行ったら，そこの人が，使い方をやさしく説明してくれました。
子どもを連れて，絵本や料理，子育ての本をよく借りました。
その後，図書館から見えた高校に憧れて，受験しようと思い，自主夜間中学で勉強しました。
合格して，春から定時制高校に通い始めました。
入学した高校の図書室を見学したら，たくさん本がありました。
これから使ってみたいです。

（外国出身の D さんのことば）

父は外国人，母は日本人です。
オーストラリアにいた時，日本から送られてきた絵本の読み聞かせを通じて，両方の国の文化や表現，思考やイメージについて，学ぶことができました。
絵本が日本独特の発想や伝統に深く触れさせてくれました。
私にとって，絵本はバイリンガルになる大事なきっかけでした。

（外国出身の青年 E さんのことば）

5.1 「やさしい日本語」の「話しことば」と「書きことば」

「やさしい日本語」には「話しことば」と「書きことば」があります。「話しことば」は図書館員が，自らの話すことばを意識するだけで，すぐに使うことができます。目の前にいる外国人住民とやり取りしながら，使う語彙や表現などを変えていく「言語調整」を行います。これは，今日からひとりでも始めることができます。

一方で，「書きことば」は，図書館が出す文書やお知らせ，また館内の案内板などに使います。「書きことば」は，「話しことば」と異なり消えずに残るものです。これは組織として決定して作成していく必要があります。

「話しことば」と「書きことば」の基本的な部分は同じです。

図書館として「やさしい日本語」の文章や表示を作るときには，出入国在留管理庁・文化庁が作成した『在留支援のためのやさしい日本語ガイドライン』などを参考にするとよいでしょう。

【参考】出入国在留管理庁・文化庁「やさしい日本語ガイドライン」

・『在留支援のためのやさしい日本語ガイドライン』
　やさしい日本語の中でも，特に書きことばに焦点を当てたガイドライン
・『在留支援のためのやさしい日本語ガイドライン〜話し言葉のポイント〜』

※上記ガイドラインは Web 上で公開されています。

5.2 「書きことば」の手順

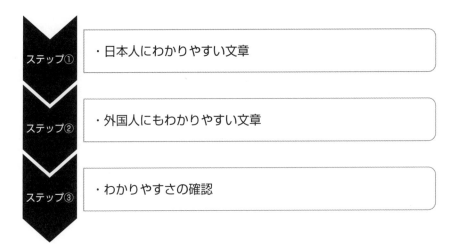

ステップ①　　日本人にわかりやすい文章にする

　はじめに情報を取捨選択してください。伝えたいことを整理し、伝えるべきことは何かを考え、読み手にとって必要な情報に絞ります。

　一文は短くしてください。一文に言いたいことはひとつだけにします。一文の中に複数の内容が含まれると、理解するのが難しくなります。

ステップ②　　外国人にもわかりやすい文章にする

　「話しことば」の「やさしい日本語」と同様に、二重否定は使わない、受け身ではなく能動文にする、可能動詞を使うなど文章をわかりやすくしましょう。

　また、簡単な語彙を使う、「です・ます」で終わる、覚えてほしいことばは、そのまま使い、言い換えを示します。

具体的な工夫①　　ふりがなと「わかち書き」

　「書きことば」の「やさしい日本語」の大切なポイントが，「表記に気をつける」ことです。文節ごとにスペースをいれる「わかち書き」にしましょう。
　漢字の量に注意し，ふりがなをつけることが必要です。すべての漢字にふりがなをつけます。ふりがなの大きさ，漢字とふりがなの間，行と行の間を空けるなどして，見やすくします。

書き方例
利用<ruby>カード<rt>カード</rt></ruby>を　作ります。
利用（りよう）カード（かーど）を　作（つく）ります

　ふりがなは漢字の上部に入れます。漢字の後ろにかっこ書きで読み方を入れることもあります。

具体的な工夫②　　時間・年月日の表記

　時間や年月日の表記はわかりやすく示します。できるだけ年号は使わずに西暦を使いましょう。12 時間表示を原則とし，午前・午後を示すとわかりやすいです。また，記号は万国共通とは限りません。
　「○○〜△△」という表記は誤解を生むため使用せず，「○○から△△まで」と表記してください。

書き方例
2025 年 8 月 25 日　午後 2 時　まで
2025 年 9 月 4 日　午前 9 時　から　午後 6 時　まで

　日にちは，「にち」と読まない場合もふりがなは「にち」とつけます。

具体的な工夫③	情報を補足する

　掲示物を作るときには，日本語だけの情報だけでは読みにくいので，イラスト，写真，ピクトグラムなどで補足します。

掲示例

ステップ③	わかりやすさの確認をする

　「やさしい日本語」には正解はありません。実際に伝わるか確認することが大切です。

　「書きことば」の案ができたら，日本語教師や外国人住民にわかりやすいか，実際に伝わるかをチェックしてもらうと，よりよいでしょう。

◆コラム　外国人利用者の声④

"日本人はなぜ，何でも「〜してください」なの？
もし本当に禁止するなら「それをしてはだめ」とはっきり言ってほしい。"

　確かに，お願いとして言っているのか，禁止の意味で言っているのか，わかりにくいですね。もしも「本を汚さないでください」というのであれば，そのあとに，「本に字を書いてはだめです。切ってはだめです。汚してはだめです」と言った方がはっきり伝わります。

◆コラム　外国人利用者の声⑤

"一生懸命説明してくれたので，わからなかったけれど，
「はい」って言っちゃった…。"

　心優しいがゆえに，あとで困ってしまう人も。こちらが言っていることがわからないまま，絶妙なタイミングで「はい」と返事をする人もいます。どんどん話が進み，結局「わからなかった。どうしよう」となることも。できれば話の合間に「ここまで，わかりましたか？」と一息いれて，相手が「わかった」，「わからない」と言いやすくしてみましょう。

◆コラム　外国人利用者の声⑥

"全部ひらがなにされると読みにくくて，わかりにくい。漢字にふりがなをつけてくれるのはよいけれど，大きさや位置をよく考えてほしい。小さすぎたり，くっつき過ぎると，読みづらい。"

　ふりがなは，ただつければよいものではありません。バランスや読みやすさもぜひ考慮してください。一方，「文字がぎっしり書いてあると，読む気が失せる」といった声もあります。書く側はついつい，あれもこれもと詰め込みがちですが，こうした声があることも気に留めていただきたいです。

6.
「やさしい日本語」で伝える手順③

本のふるさと，図書館に足を踏み入れれば，こころが穏やかで嬉しくなります。
物語の中の主人公の運命に共感し，泣いたり笑ったり悩んだりして，いつしか自分の悩みさえ，忘れていきます。
読書は，悲しい時にこころを慰めてくれる良薬です。
(外国出身の中学生Fさんのことば)

ハングルでかかれた絵本や小説は，
ことばや文字の習得だけでなく，
自らの文化を学び，身につけていく上で，
私のアイデンティティの形成に大きな役割を果たしました。
図書館とは，本を借りたり，読む場としての機能だけではなく，文化を学び，人とのかかわりをも，生み出す場です。

(海外にルーツがあるGさんのことば)

6.1 電話で伝える時のポイント

　電話をかけてみて，なんとなく通じていない，返事が返ってこないと思った
ら，下記のように，フレーズを区切って，相手の応答を待ちながら，話してみ
ましょう。

次の例文を「やさしい日本語」に言い換えてみましょう。

やってみよう　　＜予約の連絡例＞

　こちらはアオバ図書館のスズキと申します。ホセ様でいらっしゃいます
か？　ホセ様が予約された本のご用意ができましたので，ご連絡させてい
ただきました。本日より，8月21日までお取り置きしておきますので，
その日までに図書館のカウンターまでお越しください。それを過ぎますと，
お受け取りいただけなくなりますので，どうかご了承ください。

言い換え例

「アオバ図書館です。私はアオバ図書館のスズキです」
「ホセ様ですか？」
「ホセ様は本を予約しましたね？」
「その本が来ました」
「本は，アオバ図書館にあります」
「アオバ図書館のカウンターにあります」
「その本は，今日から，8月21日まで，あります」
「8月21日までに，アオバ図書館に来てください」

やってみよう　＜延滞の督促例＞

　こちらはミドリ図書館のタナカと申します。マリン様でいらっしゃいますか？　お借りになった本のご返却がまだされていませんので，ご連絡させていただきました。

　お手元に，『あしたの料理』という本はございますか？　7月31日が返却日となっておりまして，返却期限が過ぎております。次に待っておられる方がいらっしゃるので，なるべく早くお願いします。

　なお，図書館の休館日は，8日の火曜日となっておりますので，それ以外の日にお越しください。カウンターに来られるお時間がないようでしたら，返却ポストに投函していただいても構いません。

　よろしくお願いいたします。

言い換え例

「ミドリ図書館です。私はミドリ図書館のタナカです」
「マリン様ですか？」
「あなたのところに，『あしたの料理』は，ありますか」
「その本を返してください」
「7月31日までに返さなければなりません」
「でも，あなたは，まだ返していません」
「図書館に，『あしたの料理』を返してください」
「8月8日の火曜日は，図書館は休みです。
　返却ポストに入れてください」

6.2 電話で伝える時に気をつけること

おそらく各館では，電話をかける際の定型文を用意していると思います。

電話する側にとっては，何度も繰り返してきたことばなので，つい，早口になりがちです。聞く側も，聞き慣れている人であれば，「ここは聞き流してよい部分。ここはちゃんと聞かないといけない部分」と自然に聞き分けています。

しかし，日本語を母語としない人にとっては，電話口から淀みなく聞こえてくることばを理解するのは難易度が高いです。目指すのは，淀みなく，流れるように話し終えることではなく，内容を取捨選択し，大事な点を，相手の耳に残るように話すことです。

◆コラム　外国人利用者の声⑦

"丁寧すぎる敬語はいらない。だけど幼児扱いしないでほしい。私は大人だ。"

　幼児に向けて話すようなことばの選び方，接し方になっていないか，注意が必要です。以前ある人から「なぜ日本のパンフレットは，デフォルメされたうさぎや熊が，人間の代わりに描いてあるの？　私たちは動物じゃないし」と言われてドキッとしたことがあります。

◆コラム　外国人利用者の声⑧

"「この国は〇〇語」って，決めつけないで。"

　出身国は同じでも，使用する言語が違う場合があります。「あなたは何語を使いますか？　何語がわかりますか？」と，本人に聞いてみましょう。

7.
三鷹市立図書館での実践報告

当事者である外国人に，もっといろいろ聞いて欲しい。
これからの図書館における多文化サービスは，
外国人に対して，「してあげる」ではなく，
「いっしょに何かをしていくこと」ではないかと思う。

（外国出身のHさんのことば）

7.1 ３か月にわたる研修と実践

　三鷹市は，東京の多摩地域に位置し，人口約 19 万人，外国人住民は約４千人の市です。

　三鷹市立図書館の協力を得て３か月にわたる研修を行いました。
　１回目は，基礎的な研修（120 分間）を実施，その後に，三鷹に暮らす外国人住民に声をかけ，４名が図書館を訪れました。その人たちの日本語会話力はさまざまでしたが，図書館員にカウンターでの利用登録や資料紹介などの対応をしていただきました。
　その結果を踏まえて，３か月後に２回目の研修を実施しました。
　ここでは，三鷹市立図書館での学びと実践のプロセスをご紹介します。

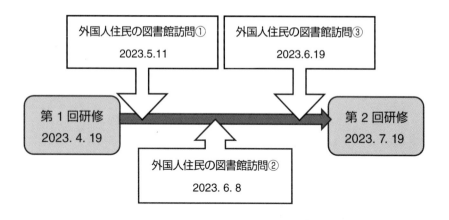

　第１回研修に参加した 24 名のうち，研修前から「やさしい日本語」を知っていた人は９名，知らなかった人は 13 名，未記入が２名でした。

7.2 「やさしい日本語」研修（第1回）の概要

【日　時】2023 年 4 月 19 日（水）午前 10 時から 12 時まで
【受講者】三鷹市立図書館員 24 名

【内　容】

10：00　開会

10：05　講義①　三鷹市の外国人住民の現状と基礎知識

10：20　アイスブレイキング

10：25　講義②　公立図書館の使命

10：35　講義③　本・読書・図書館に対する外国人のニーズ

10：55　講義④　「やさしい日本語」とは

11：00　実践ワーク　ワークシート　やってみよう①・②

11：20　講義⑤　「やさしい日本語」話しことばのポイント

11：30　講義⑥　「やさしい日本語」書きことばの工夫

11：35　講義⑦　「やさしい日本語」とまちづくり

11：40　参加者の感想の共有

11：45　質疑応答

12：00　終了

　上記講義①から⑦は，本書 1 から 5 までの内容を，パワーポイントのスライドにし，テキストとして使用しました。

　実践ワークでは，2 種のワークシートを用意し，「やさしい日本語」への言い換えを考えてもらいました。

　読者のみなさんが図書館で「やさしい日本語」研修を行うときは，本書 1 から 6 を参考にしてください。

<ワークシート>　やってみよう①

1	記入	
2	返却	
3	保護者	
4	ヘルシー	
5	セルフサービス	
6	お越しください	
7	ご覧ください	
8	おかけください	
9	承知しました	
10	貸出期間 （5月16日まで）	
11	利用者カード	

※言い換え例は 60 ページに記載

<ワークシート> やってみよう②

1	日本は長いんですか？	
2	お名前とご住所をご記入ください	
3	公共交通機関をご利用の上お越しください	
4	ご不明なことがございましたら，何なりとお問い合わせください	
5	他に予約がない場合は，1回に限り延長できます	
6	図書館に関してご意見をお聞かせいただきたいのですが	

※言い換え例は 60 ページに記載

「ワークシート　やってみよう①」

1　書きます

2　返します

3　お父さん，お母さん，おじいさん，おばあさん

4　体に　よいです

5　あなたが　自分で　します

6　来てください

7　見てください

8　座ってください

9　わかりました

10　この日（5月16日）まで　本を　借りることが　できます

11　このカードで　本を　借りることが　できます

「ワークシート　やってみよう②」

1　日本に　いつ　来ましたか

2　名前は　なんですか？
　　（○○です）○○さんは　どこに　すんでいますか？
　　ここに　書いてください

3　バスや　電車で　来てください（車で　来ないで　ください）

4　あなたが　わからないとき　聞いてください

5　本を　長く　借りることが　できます
　　この本を　待っている人が　いないときだけです
　　1回だけ　長く　できます

6　あなたの　意見を　教えてください
　　この図書館は　どうですか？

研修（第1回）に参加した図書館員の感想

・外国人住民とコミュニケーションをとるのに日本語を使うという発想は新鮮でした。それだけだと取り組み方がわからないので，ポイントを教えていただいて勉強になりました。

・外国人のみならず，あらゆる世代の方にも対応できるということがわかりました。実践できるよう心がけたいです。

・慣れない英語を使うより簡単な日本語を使ってコミュニケーションをとる必要性を感じました。話しことばの構造について，短く，わかりやすくまとめ，伝えていくことを心掛けていきたい。

・練習ワークを通じて，「やさしい日本語」への言い換えが苦手なことが自覚できたので，日々の生活で意識して行きたいと思いました。ふりがなの重要性も，学べました。日頃，自分は熟語など難しいことばを使用しがちだなと思いました。言い換えるワークシートが楽しかったです。

・日本に住んでいる外国人の方の意見が聞けてとてもよかったです。「わかち書き」やふりがななど，積極的に使用して，子どもにも外国の方や高齢の方にも，やさしいまちをめざしていきたいと思います。

・普段から誰に対してもわかりやすく説明したいと思っていますが、「やさしい日本語」はストレートで婉曲な表現がない分、対日本語母語の方には批判をうけそうだ、と思いました。ただ、自分の伝えたいことを頭の中でまとめて伝えることは、普段の業務の中でも大事なことだと思うので、まずはそこから始めて、カウンターにいるときも、これを「やさしい日本語」で言ったら、どうなるかを考えつつ、実際に活用できるようにしたい。

・子ども向けのふりがながついている哲学、法律のテーマ本が、外国人の方の勉強に役立つと知り、積極的に選書していきたいと思いました。

・自動貸出機、自動返却機、予約棚、館内検索機、書架、在庫、貸出中など、図書館で使っている、利用者にわかりにくいことばを、「やさしい日本語」に変えていきたいと感じました。

・カウンターに中国やベトナムなどのアジア系の留学生が来ることがあります。ですますの敬語を使用するより、タメ口のほうがわかりやすいかと思っていました（くだけた言い方をしようとするとタメ口になってしまいます）。「やさしい日本語」は、外国人以外にも子どもや高齢者にも使えるし、いかにわかりやすく普段使っている単語を説明するかを考える機会になりました。

7.3　外国人住民の図書館訪問体験

　三鷹に暮らす外国人や支援団体に、「三鷹市立図書館で、やさしい日本語の研修をしました。よかったら、図書館に行って図書館員とお話をしませんか」と呼びかけました。外国人住民も、支援者もとても喜び、「協力できることがあれば手伝います」と答えてくれました。4名の外国人住民のみなさんは、3回にわたって図書館を訪問してくれました。ある程度日本語ができる人たちは、図書館員と意見交換をしたり、図書館への思いを語ってくれたりしました。また、来日したばかりであまり日本語ができない外国人親子は、図書館員たちが実際に「やさしい日本語」を使って説明をしてくれ、図書館利用カードを作ることができ、たくさんの本を借りることができました。

(1)　外国人住民の図書館訪問（第1回）
　　　親子で通ったAさんの思い

【日　　時】2023年5月11日（木）午後1時から2時まで
【訪問者】中国出身のAさん（日本在住　10年以上）

　Aさんの図書館に対する声をご紹介します。

　Aさんは日本在住歴も長く、ある程度の日本語は話せますが、難しい表現はわからないので、ゆっくり話してください、とお願いをされました。
　Aさんは娘が小さかったころ、図書館によく行っていたそうです。「そのとき感じたことを話したい！」とのこと。「今日しか行けない。いまから行きましょう」、ということになり、事前のアポイントメントも取らず、支援者とともに突然訪問しました。

　カウンターにいた図書館員に「中国語の本はありますか？」と話しかけまし

た。「やさしい日本語」の研修を受講していた図書館員は、「あ！」とすぐに状況を理解し、丁寧に、「ではご案内しましょう」と、奥にある外国語の本のコーナーへ案内してくれました。本はありましたが、どれもかなり古く、Aさんは「これらの本は本国でテレビドラマになっていて読んだことがあります」と話していました。

中国語の新聞がある場所にも行きましたが、1週間前のものでした。中国語を含めて外国語の本が少ないことがわかりました。

その後、児童コーナーに行き、子ども向けの本を一緒に見ました。そこでAさんが、自分の子育てのときの話をしてくれました。

Aさんは、子どもが小さいときに中国人のママ友たちと図書館に行ったそうです。「図書館員が子どもへの読み聞かせを毎日してくれ、とてもよかった。ただ、その間、親同士は、おしゃべりも、時間つぶしに本も読むこともできず、中国語で話すと、周りから静かに！と注意され、他のママたちは、次第に、図書館に来なくなりました。でも、私の子どもは、夫やおばあちゃんからひらがなを教えてもらうと、"自分で本を読みたいから、図書館に行きたい"とよく言うので、毎日連れて行きました。でも、ただただ何時間も待っていたので、とてもつらかった」、「料理の本や旅行の本など、大人がちょっと読めるような本が、もっとたくさんあるとよい」、「でも、わたしは頑張ったから、わが子はいま、国語の成績はとてもいい！」と、嬉しそうに話してくれました。

図書館員は、なかなか外国語書籍が購入できないことを説明してくれましたが、加えて、「大人の外国人住民のための本として、どんな本がいいだろうか」と、いろいろと話し合うことができました。この日は「やさしい日本語」を意識して使ったわけではありませんでしたが、図書館員もAさんも、伝えたい、聞きたいという思いがあり、とても和やかな時間となりました。

(2) 外国人住民の図書館訪問（第2回）
利用カードを一緒につくる

【日　時】2023年6月8日（木）午後1時から2時まで
【訪問者】フランス出身のBさんとお子さん（日本在住　約4か月）

　Bさんは初めての図書館利用でした。支援者が付き添い，登録カウンターへ行き，利用カードを発行してもらいました。その後，無事に利用カードを受け取り，図書館員が探してくれた本を見て，自分と子どもの本を借りました。自動貸出機の使い方を教えてもらい，貸出手続きを行いました。
　Bさんはその後も図書館を利用しています。

　実際の三鷹市立図書館でのやり取りをご紹介します。

図書館員　　　　　　（利用カードの申し込み書を見せて）
　　　　　　　　　　「ここに，あなたの　名前を　書いてください」
外国人利用者　　　　「わかりました」
図書館員　　　　　　「名前の　記入は，ローマ字でも　大丈夫です」
外国人利用者　　　　「ローマ字？」
図書館員　　　　　　「アルファベットで　書いて　いいです」
外国人利用者　　　　「わかりました」
図書館員　　　　　　「生まれた年を　書いてください」
外国人利用者　　　　「西暦でも　いいですか？」
図書館員　　　　　　「はい，いいです」
　　　　　　　　　　（申し込み書の上部を指さしながら）
　　　　　　　　　　「今日の　日付を　書いてください」
外国人利用者　　　　「ひづけ？」
図書館員　　　　　　「今日の　月と　日を　書いてください」
外国人利用者　　　　「わかりました」

役所の書類は「年号」だけ書いてあるものが多いので,「西暦でもいいですよ」と言い添えるとよいですね。

「ローマ字」は万国共通のものではないので要注意です。「アルファベット」というとわかりやすくなります。

図書館員	（できたカードを見せながら） 「これが　利用カードです。本を　借りるときに 　使う　カードです。 　　今日から　借りることが　できます」
外国人利用者	「どのくらい？」
図書館員	「今日　借りたら，いつ　返すか，ということですか？」
外国人利用者	「そうです」
図書館員	（卓上カレンダーを指さしながら） 「今日　借りた本は，22日に　返します。 　　今日から，2週間，借りられます。 　　　本は，15冊　借りることが　できます」 （メモ用紙に，15と数字を書いてみせる）
外国人利用者	「わかりました。ありがとう」

利用カード実物を示しながら説明していますね。

このように具体的なものを見せながら話すとよいです。

相手から尋ねられたことを言い換えて，聞き返した点がよいですね。相手の質問がわからないときは，このように何度か言い換えて，質問したいことが何なのかを確認するのがよいです。

また，カレンダーを使いながら説明している点，メモ用紙に貸出冊数の数字を書いている点が，よいですね。

「やさしい日本語」の基礎的な研修を1回受けるだけでも，外国人住民とのやり取りがスムーズになっているのがわかります。大切なのは，利用者に合わせて日本語を調整することです。「やさしい日本語」には正解はありません。

「やさしい日本語」は，日本語が母語ではない外国人住民等とコミュニケーションをとり，互いの目的を達成するためのひとつの道具にすぎません。あなたが使う日本語を，相手にもわかりやすく調整し，ジェスチャーや具体的なものなどを示しながら伝えること。そして，相手の話すことばをゆっくり待ちながら「きく」ことで，コミュニケーションがとれるのではないでしょうか。

大切なのは，相手の様子を確認しながら，やさしい態度で対応するあなたの気持ちです。

(3) 外国人住民の図書館訪問（第3回）
   住民の図書館への期待をきく

3回目は，図書館の館内整理日に訪問しました。休館日だったので，思う存分，館内を歩きながら意見交換できました。この日は，日本語がかなり上手な外国人住民2人が来館し，図書館について普段から聞きたかったことや，こうしたらもっとよいのではという図書館への期待を話してくれました。

【日　時】2023年6月19日（月）午前10時から11時まで
【訪問者】アメリカ出身のCさんと韓国出身のDさん

Cさんと Dさんの体験内容と感想を紹介します。

Cさんはマンガの翻訳者, 子どもへの読み聞かせに関心があり, 三鷹市立図書館には何度も来ています。

Cさんからは, 「どうして図書館にはマンガがないのですか？」という質問がでました。図書館員からは, 「マンガは冊数が多く, 収蔵しきれない。でも, 都内にはマンガの図書館があり, そこにはたくさんのマンガがありますよ」, と説明をしてくれました。Cさんは, 「長く三鷹に住んでいるけれど, 知りませんでした！」と喜んでいました。

Cさんは, 小学校で親たちが行う読み聞かせに参加しており, その関係で, 図書館主催の読み聞かせ講座を受講したこともあるそうです。「このような研修はとてもよいので, 多くの人が参加できるといいですね。そして自分たちの母語の本の読み聞かせもできるといいですね」, と提案していました。

Dさんは, 本が大好きで, 母国の家族に頼んで本を郵送してもらっているそうです。「本代に加えて郵送料もかかり大変だけれど」, と話していました。昔, その本を図書館に寄贈しようとしたことがあるそうで, 最初1人で来たとき, ほとんど日本語ができなかったため, 寄贈に際して書籍について説明する文書を書くことができなかったそうです。そのため, 自分より少し日本語ができる夫を連れてきて, 寄贈したい本の紹介文を書いて, 寄贈することができたそうです。「同じ母語の人たちが読んでくれたら」と話していました。

図書館員からは, 外国語の本の寄贈や購入となると, 本の内容がわからないので, なかなかに難しいとの説明がありました。Dさんは, 「村上春樹や夏目漱石など, 日本で有名な本で多言語に翻訳されている本をおいてはどうですか」, と提案していました。

書架の表示（写真1）

利用登録の表示（写真2）

Cさんと D さんの図書館の掲示についての意見を紹介します。

　館内の表記には，ほとんどふりがながついており，「とても読みやすい」とのことでした。しかし，書架の表示（写真1）は漢字だけであることにDさんが気づき，「ここにふりがなか，英語表記が併記されているとよいのにね」と話してくれました。

　また，カウンターの表示（「利用登録」写真2）は漢字にふりがなはついているが，そもそもの漢字の意味が難しく，何をするところかよくわからない，とCさんと D さんが気づきました。図書館の専門用語にそのままふりがながつけられていても，わからないので，「わかりやすく説明をする必要があるね」と話し合いました。

7.4 「やさしい日本語」研修（第2回）の概要

　1回目の基礎的な研修のあと，実際の外国人住民の図書館訪問を経て，2回目の研修を行いました。「やさしい日本語」を知った後に，現場で使う経験があったかどうかや，この期間の振り返りを行いました。また，これから図書館で「やさしい日本語」を使うとしたら，どのようなことができるのかを話し合いました。

【日　時】2023年7月19日（水）午前10時から12時まで
【受講者】三鷹市立図書館員21名

【内　容】
10：00　開会
10：05　外国人住民の図書館訪問（延べ3回，計4人）の報告
10：25　実践ワーク①「やさしい日本語」話しことば編
10：40　実践ワーク①で出た質問へ回答，話しことばの留意点の説明
11：00　実践ワーク②「三鷹市立図書館でどんな実践ができるか」
11：15　実践ワーク②の結果発表と各グループへのコメント
11：30　実践ワーク③「やさしい日本語」書きことば編
11：40　都内図書館の先進事例紹介
11：50　図書館における多文化サービスについて
11：55　館長から寄せられたコメント紹介
12：00　終了

実践ワーク① 「やさしい日本語」話しことば編

> **課題**
> 図書館のカウンターに外国人女性が子どもと来訪しました。利用カードを
> 作りたいようです。カードの作り方や利用方法（貸出期間・冊数など）に
> ついて説明したいと思います。「やさしい日本語」で対応してみましょう。

　場面練習の課題について，隣同士で図書館員役，利用者役に分かれてやり取
りした後，その内容を発表してもらいました。

　発表後，「外国人の方は『在留カード』という単語はわかりますか？」，「日
本人利用者から『〜してください』は上から目線のように感じられて失礼だと
言われたことがありますが，失礼になりませんか？」などの質問がありました。

　　　在留カードはいつも持っているので，外国人住民は誰で
　も知っています。
　　　外国人住民には「〜してください」という表現の方がわ
　かりやすいです。伝えたいという気持ちが大事です。

実践ワーク② 「三鷹市立図書館でどんな実践ができるか」

　3〜4名に分かれてグループ討議を行った後，結果を発表してもらい，講師
がコメントしました。

＜Aグループの意見＞

　子ども向けの利用案内は内容がシンプルでひらがなが多いので，利用案内（大
人向け）に応用してはどうか。

　　　シンプルにするのはよいですが，子ども向けの利用案内
　は，子ども扱いをした表現になりがちなので，そのまま使
　えるか，よく考えてみてください。

＜Bグループの意見＞

① 「自動貸出機」等の表示にふりがなをつけたい。

② 建物の中に図書館が入っていて，図書館があること自体がわかりにくい分館がある。街行く人にわかりやすい表示を考えたい。

　　　　自動貸出機にはすでにふりがながあるけれど，「本を借りるための機械です」のような説明があるとよくわかるのではないでしょうか。「貸出機」ということばは専門用語でわかりにくいかもしれません。

＜Cグループの意見＞

　　ホームページを改善したい。図書館のホームページには多言語（英・中・韓）の自動翻訳機能がついているが，「やさしい日本語」をどうするか考えたい。

　　　　今はGoogleなど検索経由であれば，多言語ボタンを押すと選んだ言語に変換される機能があります。外国人住民はこの機能を使って母語で見ることも多いです。デジタル情報であれば，多言語自動翻訳機能を使って翻訳できるので，あえて「やさしい日本語」を作る必要はないかもしれません。

　　利用案内など紙に印刷したものは自動翻訳も大変です。実際に新型コロナウイルス感染症拡大時の社会福祉協議会の緊急貸付の現場で，書類が多くて大変だったという事例があります。

　　デジタルデータはデジタルのままで，パソコンやスマホに送信し，外国人住民が自分の母語に自動翻訳にかけるのが効率的です。その際も大事なのは，もとの文書が短く，シンプルな日本語で作成されていることです。これなら自動翻訳時に間違いも少なくなります。

＜Ｄグループの意見＞

① 子ども用ポスターをひらがなにしたり漢字にはふりがなをつける。

② 自動貸出機の表示画面の中の文字を「やさしい日本語」にする。

③ 書架の表示を，絵などを使ってわかりやすくする。子ども向けの書架から変えていくなど，できるところからやっていきたい。

　　子ども用を参考にするのはよいですが，ひらがなばかりだと漢字圏の人にとってはかえってわかりにくいことがあります。

＜Ｅグループの意見＞

　館内 OPAC が高齢者等にわかりにくいので利便性を向上させたい。図書館独自でもやればできる。

できればよいですね！

＜Ｆグループの意見＞

　せっかく外国人住民に来てもらっても，外国語の本が少ないので増やさなければならないと考えている。流通が日本語の本と別なのでハードルは高いが増やさないといけない。

　　子ども向けの外国語絵本はずいぶん増えていますが，大人向けの本はまだ少ないです。購入だけではなく，地域の協力による寄贈という方法もあるので，広く呼び掛けてみてはどうでしょうか。

課題

三鷹市立図書館では、下の写真のように、「最近購入した本」、「一般」、「児童」と表記してブックトラックに乗せていました。ふりがながついていましたが、そもそも「一般」とは何をさすかわかりにくいのではないでしょうか。図書館員だからこそ、よい言い換えを考えてみましょう。

＜研修参加者の意見＞

　「児童書」、「一般書」は専門用語なので言い換えはむずかしい。「最近購入した本」は「新着図書」、「新しい本」が意味は近いが、館内の棚の表示と関連しているのでここだけ変えればよいわけではない。

　　　　そうですね。このような難しい専門用語は、図書館員のように専門的なことや全体をわかっている人だから、言い換えができるかもしれません。だからこそ、図書館員自身に「やさしい日本語」を学んでいただく価値があるのだと思います。

研修（第２回）に参加した図書館員の感想

・相手に英語が通じないこともありうるため，日本語を共通言語として，それをいかにやさしく伝えられるかという配慮が必要なのだとわかった。

・「やさしい日本語」という存在を今回の研修で初めて知りました。実践をふまえての研修でしたので，場面を想像しながらでよかったです。本館で利用カードを作ってくれたフランス人のお母さんは，あれから何回かお子さんを連れて本を借りにきてくれています。ご縁をありがとうございます。

・外国籍市民の方の目線での困りごとは，日本人の利用者とのやり取りでは起こりえないような，たくさんの気づきがありました。すべてに対応するのは難しいと思いますが，館内の表示にふりがなをつけるなど，簡単にできて，かつ日本人の利用者にとって不便にならないようなことは改善していきたいと思いました。

・本日の講義で学んだことを生かし，「海外ルーツの市民に図書館を利用してよかった！」と思ってもらえるように業務に取り組んでいきたい。

・２回目の研修の時，実際の図書館の様子から，今後の対応のヒントをいただきました。実際には研修の後で，みなさんがおっしゃっておられたように，外国の方々を受け入れる案内に特化するよりは，すべての年代の方々や日本語は話せても，いろいろな事情で文字が読めない方なども含め，すべての方々にできるだけ見やすいユニバーサルデザインをめざしたらよいのではないか，というお話に共感しました。図書館で何ができるかはこれからの話ですが長い目で見ていただけるとありがたいです。

◆コラム 「やさしい日本語」とまちづくり
―「やさしい日本語」は誰にでもやさしい

 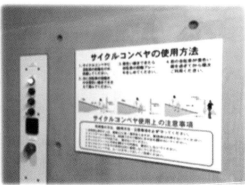

　これは，ある街の地下駐輪場の写真です。自転車を地上まで持ち上げるために，サイクルコンベアーという機械がついています。前輪にブレーキをかけつつ，ベルトコンベアーの上に載せると，ベルトが自動で動き，軽い力で自転車を運ぶことができます。

　ある日，この地下駐輪場から地上に自転車を持ち上げるために，コンベアーがついていない側の溝を，高齢者が一生懸命自転車を押しながら持ち上げておられました。思わず，「サイクルコンベアーを使ったらどうですか？」と声をかけたところ，その高齢者は，「使い方がわからないんだよ」とつぶやきました。サイクルコンベアーの使い方の説明看板は，少し難しいと感じました。「やさしい日本語」の表記が役立つのは，外国人だけではありません。子どもにも，高齢者にも，高次脳機能障害の方にも，みんなにやさしいといわれています。「やさしい日本語」は多くの人たちにとってわかりやすく，やさしいのです。

8.
「多文化サービス」お役立ちツール・サイト

書物は成長期の子どもたちにとって，人生を豊かに
生きるための良き友，こころの糧，人生の師匠です。

（外国出身の通訳者 I さんのことば）

8.1 「やさしい日本語」言い換えツール

オンライン上で公開されている無料ツールの一例をご紹介します。

(1) 「やさにちチェッカー」（「やさしい日本語」科研グループ）

入力した文章が「やさしい日本語」であるかを，語彙，漢字の数，硬さ（名詞の密度），長さ，文法の5つの視点を1～5の段階で評価し，A～Eで総合判定する無料の診断ツールです。

(2) 「やさにちチェッカー　シンプル検査版」（「やさしい日本語」科研グループ）

文章構造の複雑さを計算して，合否判定をします。合格すると「やさしい日本語　すばらしいです！」という判定が出ます。ただし，「やさにちチェッカー」ほど細かくチェックはできません。

(3) 「公文書作成支援システム」（「やさしい日本語」科研グループ）

入力した文章が「やさしい日本語」であるかを，単語単位で言い換えする候補を選びながら「やさしい日本語」に置き換えていく無料の支援ツールです。

(4) 「日本語読解学習支援システム　リーディング　チュウ太」（筑波大学）

日本語能力試験を基準にして，入力した単語や漢字の難易度を自動判定する無料の支援ツールです。

8.2 多言語音声翻訳ツール

(1) 「VoiceTra（ボイストラ）」（国立研究開発法人情報通信研究機構）

VoiceTra（ボイストラ）は，総務省が所管する国立研究開発法人情報通信研究機構が開発した，スマートフォン用の多言語音声翻訳アプリです。翻訳できる言語は 31 言語で，ダウンロードや利用も無料です。

(2) 「Google（グーグル）翻訳」（Google）

Google（グーグル）翻訳とは，Google が無料で提供している翻訳サービスです。100 以上の言語の翻訳が可能です。

カメラ，音声，画像からの翻訳のほか，テキスト入力や Web ページの URL を入力してサイト全体を翻訳してくれます。

8.3 日本図書館協会「多文化サービス委員会」で紹介している各種サイト

日本図書館協会には「多文化サービス委員会」（旧「多文化サービス研究委員会」）があります。その委員会は「日本での多文化サービスの実践に学び，全国的に共有できるサービスのマニュアルを作成すること」を目指して，2004 年に『多文化サービス入門』（JLA 図書館実践シリーズ 2）を発行しました。

現在も，継続して調査・研究を行い，その成果を日本図書館協会のホームページ内の「多文化サービス委員会」のページで公開しています。

その中から，特に公立図書館で役立つ情報を抜粋して紹介します。

（1）　多文化サービス Q&A（日本図書館協会多文化サービス委員会）

図書館の多文化サービスに関して，よく尋ねられる質問とその答えを紹介しています。

（質問例）「外国人のニーズがわかりません」「外国語を話せる職員がいなので，カウンター対応が不安です」

（2）　外国語資料の購入先（日本図書館協会多文化サービス委員会）

日本国内で，外国語資料を購入できる書店等の一覧を公開しています。ネット書店のほか，外国語図書全般を扱っている書店や，専門書を扱っている書店名がわかります。

　上記で外国語資料の購入先として紹介されている書店の中から，公立図書館が国内で購入できる書店を抜粋して紹介します。

①　外国語図書全般

・紀伊國屋書店
・三省堂書店
・丸善ジュンク堂書店
・日本洋書協会

② 特定言語の外国語図書を扱っている書店（カッコ内は国・地域）

・亜東書店　　　　　（中国・香港・台湾・韓国）
・内山書店　　　　　（中国・香港・台湾）
・神奈川共同出版販売（中国・台湾・韓国・ブラジル・スペイン・ベトナム・
　　　　　　　　　　　フィリピン）
・北九州中国書店　　（中国）
・高麗書林　　　　　（韓国）
・上海學術書店　　　（中国・香港・台湾）
・書虫　　　　　　　（中国）
・中国書店　　　　　（中国・香港・台湾・韓国）
・東方書店　　　　　（中国）
・ナガラ図書　　　　（南アジア・中東）
・聞聲堂中文書店　　（中国）
・穂高書店　　　　　（東南アジア・東アジア・南アジア・中東・欧州・旧
　　　　　　　　　　　ソ連諸国等）
・山本書店　　　　　（中国）
・琳琅閣書店　　　　（中国）
・レインボー通商　　（韓国・北朝鮮）
・レロイ書店　　　　（ベトナム）
・郁文堂　　　　　　（ドイツ）
・イタリア書房　　　（イタリア・スペイン・ポルトガル・中南米）
・スペイン書房　　　（スペイン・ポルトガル・中南米）
・セルバンテス書店　（スペイン）
・ナウカ・ジャパン　（ロシア）
・日ソ　　　　　　　（ロシア）
・フランス図書　　　（フランス）
・文流　　　　　　　（イタリア）
・ミランフ洋書店　　（スペイン）

公立図書館向けの
サービスを
行っている書店あり。
ホームページに
注目

(3) 「多言語図書館用語集」（ニューサウスウェールズ州立図書館）

　57言語に翻訳された図書館用語や文章が収録されており，ダウンロードして標識等に使用することができます。

　図書館員と多様な言語的背景を持つ利用者間のコミュニケーションを促進するためのツールです。

(4) 「大学図書館　英会話集」（名古屋大学附属図書館）

　名古屋大学中央図書館カウンターでの利用者との対応を念頭において作成されたものです。

　閲覧業務，相互利用業務，参考調査業務，館内ツアーに区分した実際の会話が収録されています。

(5) 「図書館向け多文化サービスツール」（埼玉県立図書館）

　図書館で多文化サービスを行うためのツールや文書についての情報を公開しています。対応言語は，中国語・韓国語・ベトナム語・英語・ポルトガル語・やさしい日本語となっています。

(6) 「世界の絵本リスト」（国際図書館連盟（IFLA）児童・ヤングアダルト図書館分科会）

　絵本を通じて国際理解を深めることを目的に，57か国の37言語で書かれた530冊の絵本を紹介しています（2023年の第3版）。

(7) 「多言語指さしボード」(一般財団法人自治体国際化協会)

　　全国の避難所で，避難所運営者と被災外国人のそれぞれが使える「多言語指さしボード」を公開しています。

　　図書館は，避難所に指定されていなくても，公の施設として緊急時に住民を受け入れる場合がありますので，あらかじめ準備しておくと安心です。

　　日本語が併記されている各言語は，英語・中国語（簡体字)・中国語（繁体字)・韓国 / 朝鮮語・タガログ語・ポルトガル語・スペイン語・フランス語・ロシア語・ベトナム語・タイ語・ミャンマー語・インドネシア語・ネパール語です。

(8) 「住民基本台帳に基づく人口，人口動態及び世帯数」(総務省)

　　各年1月1日現在の住民登録を行っている日本人住民・外国人住民について，都道府県別・市区町村別の人口・世帯，人口動態，年齢階級別人口が公開されています。全住民に占める外国人住民割合などを調べる時に便利です。各図書館で多文化サービスを行う上で必要な統計です。

(9) 「在留外国人統計（旧登録外国人統計)」(法務省)

　　在留外国人（中長期在留者及び特別永住者）について，「国籍・地域」,「在留資格」,「年齢」,「性別」,「都道府県」の項目を組み合わせたデータが公開されています。

　　なお，在留外国人数には，住民登録を行っていない人数が一部含まれているため，外国人住民数と一致しません。

おわりに

◇「日本語は読めない。ビルマ語で書かれたマンガを読みたい」

　ひとりの外国人住民との出会いから，多文化サービスにかかわっています。

　当時はリクエストのあったビルマ語のマンガどころか，ビルマ語による絵本や大人向けの本を所蔵している公立図書館・書店は皆無でした。エスニックコミュニティを訪ね歩き，苦労して入手したビルマ語の本を図書館で渡した時，外国人住民が浮かべた涙は忘れられません。エスニックコミュニティで出会い，ビルマ語の本や雑誌を寄贈してくれた難民の方とは30年近く経った今も交流しています。

　その後，生活保護のケースワーカーや多文化共生推進担当の仕事に携わりましたが，「住民が求める情報を届けたい」「制度の狭間に陥っている人を社会資源につなげたい」という内なる原動力は，かつてみた外国人住民の涙です。

　日々の業務に忙殺されている図書館員にとって，机上の空論を押し付けられたり，一方的に強制されたりして行う仕事は苦痛なものです。本書に散りばめられた当事者の「声」が，読者のみなさんのこころに響き，自らの意思で一歩を踏み出してくださることを願っています。（阿部治子）

◇20年近く，図書館にかかわる市民活動や，相談窓口の仕事をしています。

　横浜で2002年におこなわれた講演会で，研究者の小林卓氏が「図書館の多文化サービスを，言語の障害があるからといってあきらめてしまうのではなく，ハードルを低くして，エスニックコミュニティの助力を得て，出来ることから始めよう」と語るのを聞き，とても勇気づけられました。その後，同氏が編集長となり日本図書館協会から出版した『多文化サービス入門』（JLA図書館実践シリーズ2，2004）は座右の書となりました。

　以来，多くの人の手を借りながら，図書館における企画をおこなってきました。通訳つき見学会を企画した際，「こういう本が読みたかった！」と，中国語訳の『ナルニア国物語』を胸に抱え，読みだす中学生がいました。「買えなかっ

たサッカー雑誌がある！」と顔を輝かせる子，「これならわかります。興味が
あります」と，料理雑誌に手を伸ばす人などさまざまでした。

　この本には，これまで出会った方たちの言葉をたくさん載せています。図書
館や読書，本に対する一人ひとりの思いを，少しでも汲み取っていただけたら
嬉しいです。（加藤佳代）

◇「やさしい日本語」の書籍を作りませんか，日本図書館協会出版委員会委員
の槇盛さんと樋渡さんにお声がけをいただいたとき，チームで本を作りたいな
と思いました。そしてすぐに声をかけたのが，地域において図書館の多文化サー
ビスのための実践活動をされている阿部さんと加藤さんでした。みんなで議論
をする中で，この本のコンセプトを「たったひとりでも多文化サービスに取り
組みたいと思っている図書館員に届けたい」，「実際の図書館員の実践を通して
みえたものを本にしたい」に決めました。その思いを実現できる書籍になった
と思います。

　研修修了時のある図書館員の言葉が印象に残りました。

　「『やさしい日本語』は，すべての年代の方々や，日本語が話せてもいろいろ
な事情で文字が読めない方なども含め，すべての方々にできるだけわかりやす
いユニバーサルデザインを目指したらよいのではないか，というお話に共感し
ました。図書館で何ができるかはこれからの話ですが，長い目でみていただけ
るとありがたいです。」

　「図書館は単なる書庫ではなく，人を支えるために，人がいる，人的インフラ」
です。これからさらに多言語多文化化する地域において，図書館の役割が広が
ることを願っています。（新居みどり）

謝辞

　この本の作成にあたり，三鷹市立三鷹図書館の大地好行館長はじめ図書館員のみなさま，三鷹市で在住外国人とともに長く活動されている「ピナット〜外国人支援ともだちネット」，NPO 法人国際活動市民中心（CINGA），そして，企画段階から相談に乗っていただき応援してくださった宇山陽子さん（元三鷹市立三鷹図書館館長）に心より感謝いたします。

■著者紹介

阿部　治子（あべ　はるこ）

豊島区立中央図書館／点字図書館 司書，JLA 多文化サービス委員会副委員長，
むすびめの会（図書館と多様な文化・言語的背景をもつ人々をむすぶ会）事務局

加藤　佳代（かとう　かよ）

神奈川県立地球市民かながわプラザ（あーすぷらざ）外国人教育相談コーディネーター，
よこはまライブラリーフレンド事務局，むすびめの会企画委員

新居　みどり（にい　みどり）

NPO 法人国際活動市民中心（CINGA）コーディネーター

■監修者紹介

岩田　一成（いわた　かずなり）

聖心女子大学現代教養学部日本語日本文学科教授

■イラスト作家紹介

竹丸　たかゆき（たけまる　たかゆき）

図書館司書，イラストレーター
企業コラボアート東京 2014 公募展グランプリ

JLA Booklet no.15 •••

図書館員のための「やさしい日本語」

2023 年 11 月 10 日　初版第 1 刷発行
2024 年　3 月 30 日　初版第 2 刷発行

定価：本体 1,000 円（税別）

編著者：阿部治子・加藤佳代・新居みどり
監　修：岩田一成
イラスト：竹丸たかゆき
企　画：樋渡えみ子・槇盛可那子
表紙デザイン：笠井亞子
発行者：公益社団法人　日本図書館協会
　　　　〒 104-0033　東京都中央区新川 1-11-14
　　　　Tel 03-3523-0811 ㈹　Fax 03-3523-0841　　www.jla.or.jp
印刷・製本：㈱丸井工文社

•••

JLA202320　ISBN978-4-8204-2307-2　　　　　　　　　　　　　　　Printed in Japan
本文用紙は中性紙を使用しています